Eine bunte Reise

durch das Land

der Fantasie

Teil 2

Eine bunte Reise
durch das Land der Fantasie
Teil 2

eine Sammlung zauberhafter Kurzgeschichten

Die Waldfee spricht

schalt an das Leselicht,

komm mit mir mit,

ich entführe dich ein Stück,

nimm meine Hand,

dann reisen wir gemeinsam

ins Phantasieland

Steffi Hübschmann

© 2019 Steffi Hübschmann

Herstellung und Verlag: BoD – Books on Demand, Norderstedt

ISBN: 978-3-7504-2123-3

Inhaltsverzeichnis

Ein Nachmittag bei Zwierbel

Hereinspaziert, hereinspaziert, heute geht es einfach mal anders zu. Es ist zwar kein Fasching, auch kein Halloween. Nein meine lieben Gäste. Heute darf sich jeder aus der großen Truhe und dem alten Kleiderschrank etwas aussuchen und anziehen. So bunt gemixt möchte ich mit euch den Nachmittag verbringen. „Hallo Josephine und Peter, schön das ihr gekommen seid. Leo, Max und Rita sind auch schon da. Aber bitte, hier entlang zu meinen Kleiderschätzen."

 Josephine nimmt sich Hasenohren aus der großen Truhe, steckt sie sich an und schon springt sie mit ihrem Ball durch den Garten hinterm Haus. Peter hat sich Opas Hut aufgesetzt und versucht Josephine einzuholen. Die beiden spielen sehr oft zusammen Ball. Aber nicht nur werfen und fangen, sondern nebenbei noch Pirouetten drehen, während der Ball in der Luft wirbelt. Damit wollen beide im Kindergarten beim nächsten Sommerfest auftreten. Vielleicht zeigen sie uns später ihre Kunststücke. Doch wer kommt da auf einmal auf Peter zu? Er schaut etwas erschrocken und hat überhaupt keine Ahnung, wer hinter dieser Maskerade steckt. „Ich bin Ole, der Gelbmaulfrosch", ertönt ein zartes Stimmchen. „Und ich bin die Raupe Nimmersatt." Dabei schmatzt sie besonders laut. „Miau, frisst du auch kleine Katzen?" Unsere kleinen Kätzchen Mia und Kringel schauen sich dabei ängstlich an. „Tschilp, tschilp" ruft es vom Ast, „hier wird niemand gefressen." „Ach schade" spricht Nimmersatt, „ich habe doch noch solchen Hunger." „Dann geh Gras fressen" ertönt es aus der Luft und schon nimmt unsere Herbsthummel an Geschwindigkeit zu. Sie will nämlich Nimmersatt mit ihren Füßchen greifen und sie dann einfach auf der nächsten Blumenwiese absetzen. Jetzt kommt Zwierbel, der große Falter angeflogen. Wobei fliegen nicht der richtige Ausdruck ist. Er dreht sich ständig im Kreis, um so vorwärts zu kommen. Deswegen nennen ihn alle Zwierbel, da er einfach herumwirbelt und dabei auch noch seltsame Geräusche von sich gibt. Es hört sich an, als spiele der Wind mit Blättern.

Zwierbel hat noch zwei Gäste mitgebracht. Das sind Luna und ihr großer Bruder Tim. Beide haben sich eine schöne Maske aufgesetzt. Tim mit seiner langen Nase hat sogar noch ein passendes Jäckchen dazu gefunden. Zwierbel hat eine kleine

Slalomstrecke aufgebaut. Luna hat große Ohren und einen leichten Schmollmund. So fährt sie gerade auf ihrem Roller an Zwierbel vorbei. Dahinter kommt Tim mit seinem Roller. Gleich wird er Luna überholen. Aber es ist egal wer schneller oder langsamer ist, heute ist es wichtig, Spaß zu haben.

Nachdem alle ihre kleinen Kunststücke probiert und vorgeführt haben, holt Zwierbel seinen Wunderstock hervor. Damit gibt er einen Takt vor. Ganz schnell wird daraus ein lustiger Rhythmus und plötzlich tanzen die Baumpilze an den Ästen. Sie schwingen hin und her, drehen sich im Kreis, mal langsam und dann wieder ganz schnell. Dabei drohen ihre Hüte abzuheben. Unsere Kätzchen Mia und Kringel stimmen eine Katzenmusik an und selbst die kleine Raupe Nimmersatt vergisst das Fressen. Sie wiegt ihren Körper im Takt der Musik und lächelt dabei glücklich.

Nun wird es langsam Zeit, nach Hause zu gehen. Jeder legt wieder sein Kostüm zurück und freut sich auf ein baldiges Wiedersehen bei Zwierbel.

Aber etwas beschäftigt Peter doch noch. Wer war unter der Maske mit dem gelben Schnabel und der zarten Stimme, wobei die Stimme ganz sicher verstellt war. Und vielleicht hat derjenige auch mit seinem Namen geflunkert. Weißt du es?

Uran Gasthaus

Uran Gasthaus, wer schaut denn da heraus?

Ist es ein Geist oder nur eine Puppe,

ach das ist ja schnuppe,

na ich weiß ja nicht,

der Geist springt mir vielleicht ins Gesicht

und die Puppe,

schaut mich an, winkt mir zu,

ich rufe laut: „Hallo DU"

Dann ist sie weg vom Fenster,

sehe ich etwa doch Gespenster?

Ich trau mich,

schau hinein ins Fenster,

im Widerschein zeigt es mir mein Gesicht,

von wegen Gespenster,

doch welch Schreck,

ich laufe im Zickzack um das Eck,

ein Licht ging an,

Mann oh Mann,

der Bewegungsmelder hat mich entdeckt

und drinnen Finn sich mit Coco neckt.

Traum

Du glaubst es kaum,

ich hatte einen Traum,

vom orientalischen Baum,

dieser bewegte sich swingend hin und her,

die Melodie dazu säuselte

das große Meer

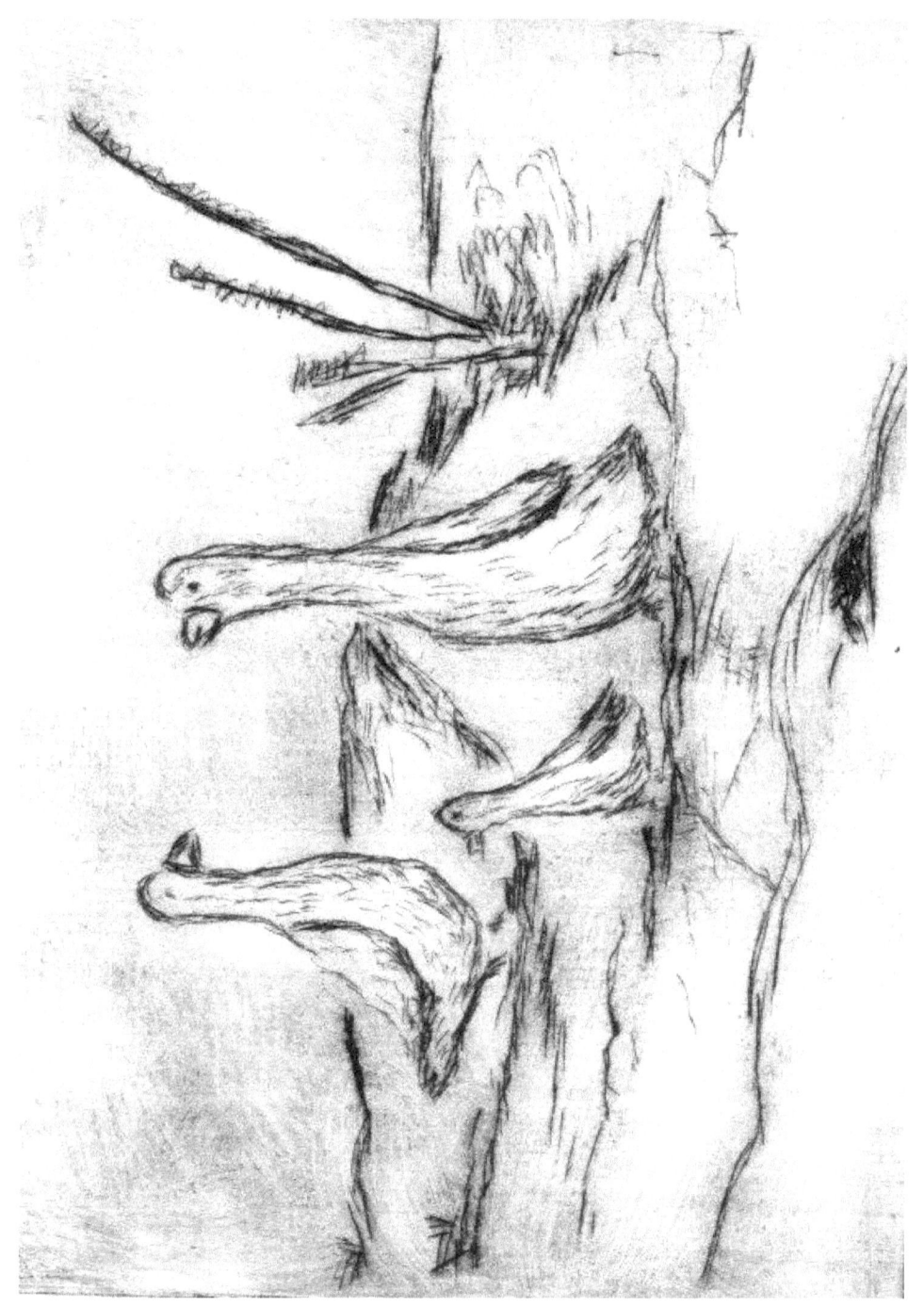

Schnatterglück

Familie Schnatterglück wohnt an einem schönen Teich, umgeben von Sträuchern, Bäumen und einer großen bunten Wiese. Manchmal kommt Besuch vom Nachbarteich. Das gibt ein großes Geschnatter. Vor zwei Tagen ist ein junger hübscher Enterich in Schnatterhausen gelandet. Eigentlich wollte er nach Entenglück, aber irgendwo muss er falsch abgebogen sein. Familie Schnatterglück hat noch Platz in ihrem Nest und Herrn Kelo-Buntfeder, so heißt der junge Enterich, bei sich aufgenommen. Frau Schnatterglück ist ganz angetan von seinen guten Manieren. So etwas ist heute nicht mehr selbstverständlich, erzählt sie dann auf der Schnatterbank. Herr Kelo-Buntfeder macht sich als Gast nützlich und hilft Familie Schnatterglück etwas im Haushalt. Familie Schnatterglück erwartet nämlich Nachwuchs, also muss das Nest noch etwas hergerichtet werden, damit dann Alle genügend Platz darin haben.

Abends sitzen sie meist am Teich zusammen und lauschen Herrn Kelo-Buntfeder, wenn er von seinen Reisen erzählt. Einmal hat er beobachtet, wie ein kleines Hündchen im Winter umherirrte. Es suchte vergeblich nach seinem Herrchen oder Frauchen. Dann lief es einfach einer Frau mit Einkaufskorb nach. Als diese es bemerkte, hatte sie Mitleid mit dem Hündchen. „Ja wo kommst du denn her? Hast du dich verlaufen oder wurdest du ausgesetzt?" fragte die Frau das Hündchen. Aber es verstand die Frau leider nicht. Kurz entschlossen ließ die Frau das Hündchen an sich schnuppern. Es wedelte vor Freude mit seinem Schwanz und da die Frau ihren Einkaufskorb abgesetzt hatte, sprang das Hündchen einfach hinein. „Weißt du was, ich nenne dich Flocke. Du bist weiß wie der Schnee." Die Frau hob ihren Korb hoch und so gingen sie schnell nach Hause. Frau Schnatterglück war gerührt. Flocke wäre sonst erfroren. Herr Kelo-Buntfeder hat die beiden dann noch oft zusammen spazieren gehen gesehen. Wahrscheinlich hat niemand Flocke vermisst, denn die Frau hatte viele Zettel verteilt, auf denen Flocke abgebildet war.

Mittlerweile ist Herr Kelo-Buntfeder abgereist. Als Abschiedsgeschenk hatte er alle zu einem leckeren Essen mit Entengrütze eingeladen, selbst zubereitet versteht sich. Das war sehr lecker. Seit einigen Tagen haben bei Familie

Schnatterglück fünf glückliche und gesunde Küken das Licht der Entenwelt erblickt. Frau und Herr Schnatterglück sind überglücklich vor Freude. Nun heißt es, rund um die Uhr die Kleinen versorgen. Mutti und Vati Schnatterglück zeigen ihrem Nachwuchs, was auf dem Speiseplan steht. Ebenso lernen die Küken, vor wem sie sich besonders in Acht nehmen müssen. Herr Kelo-Buntfeder hat es selbst erlebt, als sich ein Fuchs an ein Entenküken herangeschlichen hatte. Das Küken hatte irgendwie den Anschluss verpasst. Schließlich gibt es doch so viel zu entdecken und dabei hatte das Küken seine Geschwister aus den Augen verloren. Dafür schaute es der Fuchs an. Aber Glück im Unglück, die Schnattereltern hatten aufgepasst und gemeinsam mit der restlichen Entenschar den Fuchs durch lautes Geschnatter vertrieben. Na das war nochmal gut gegangen.

Fröhlich planschen alle Küken um ihre Schnattereltern herum. Wenn sie gegen den Strom schwimmen, heißt es aber anstrengen. Das macht hungrig und müde. Zum Glück finden sie genügend Nahrung, kleine Käfer, Getreidekörner, Insekten und andere leckere Sachen. Als die Küken groß geworden sind, gehen sie ihren eigenen Weg. Nur Amanda, das Jüngste und Nesthäkchen zugleich, bleibt noch etwas bei seinen Eltern. Gemeinsam wollen sie auf Reisen gehen und Herrn Kelo-Buntfeder besuchen. Einen halben Tag müssen sie den Flusslauf gegen die Strömung paddeln. Dann erreichen sie eine Kreuzung. An dieser sollen sie ganz besonders aufpassen, da wird nämlich gebaut. Sie müssen jetzt über die Wiese watscheln, aber auf der Seite, wo das Entenhaus der Familie Schnorchel steht. Hoffentlich steht es auch wieder an Ort und Stelle. Durch die Baustelle wurde es versetzt und deshalb ist Herr Kelo-Buntfeder falsch abgebogen. Dann geht es noch ein kleines Stückchen mit der Strömung den Fluss weiter. Dieser mündet in einen kleinen See. Hier sollen sie sich auf der rechten Uferseite bis zum Schilf bewegen und davor durch die kleine Brücke schwimmen. Von hier aus ist es nicht mehr weit bis zum Entenhaus von Herrn Kelo-Buntfeder. „Ich kann es schon sehen" ruft Herr Schnatterglück, „da steht es mit der Buntfeder als Zeichen obendrauf."

„Herzlich willkommen, kommt herein" ruft Herr Kelo-Buntfeder. Ein kurzes Begrüßungsgeschnatter folgt. Der Tisch ist schnell gedeckt, so eine Reise macht hungrig. Danach genießen sie gemeinsam einen Watschelgang durch das kleine Entendorf. Am nächsten Tag unternehmen sie eine Paddeltour um den See. Es ist etwas windig heute und damit sind auch die Wellen stärker als sonst. Amanda, die jüngste muss sich besonders stark anstrengen. Im Schilf sieht sie einen jungen Enterich. Er schaut noch ein bisschen verschlafen aus. Aber nachdem er einen Schwupps Wasser abbekommen hat, ist er munter. Amanda muss lautstark lachen, es sah einfach zu putzig aus. Der Enterich ist ganz verdattert und dann schnattert er drauf los. „Mein Name ist Gustav", stellt er sich bei Amanda vor. „Oh wie schön, ich bin Amanda." „Wollen wir gemeinsam watscheln?" fragt er Amanda. Gustav hält ihr seinen Flügel hin und Amanda hängt sich mit ihrem Flügel ein. So watscheln beide ganz gemütlich über die Wiese. Mutti und Vati Schnatterglück schauen freudig hinterher. Amanda hat hier ihr Glück gefunden. Irgendwann werden Amanda und Gustav uns ihre Küken vorstellen, aber bis dahin ist noch Zeit.

Familie Schnatterglück ist mittlerweile wieder gut zu Hause angekommen. Aber wann immer Zeit ist, besuchen sie Herrn Kelo-Buntfeder.

Vierbeiniges Tanzpaar

Coco und Finn sind ein Tanzpaar,

Sie kennen sich nun schon ein Jahr,

Sie reden nicht viel,

doch um so toller ist ihr Tanzspiel.

Coco dabei Finn immer wieder animiert,

während er manchmal dasteht – als ob er sich geniert.

Ach nein, das glaube ich nicht.

Finn spontan in die Küche flitzt,

hier ein Kissen stibitzt,

trägt dies voll Stolz im Maul nach nebenan,

wo er einen ruhigen Platz gefunden,

legt sich drauf und träumt einige Runden,

Coco verdutzt schaut

und sich einfach daneben haut.

Paul

Seit einigen Wochen wohnt Paul mit seinen Eltern an der Ostsee. Eigentlich mag er viel lieber die Berge. Da hat er nämlich bis vor kurzem gewohnt. Aber das Haus seiner Großeltern steht schon länger leer und sein Vati ist ausgerechnet dienstlich an die Ostsee versetzt wurden. Also sind sie in das Haus der Großeltern gezogen. Paul`s Mutti kann von zu Hause aus Arbeiten und Paul besucht nun eine Schule an der Ostsee. An den Dialekt und manchmal auch an den rauen Ton muss er sich noch gewöhnen. Mutti meint, er wird sich schnell eingewöhnen. Paul besucht die dritte Klasse. Er vermisst noch seine Freunde aus der alten Schule. Karl, Mario, Klaus und all die anderen, mit denen er so gern Fußball gespielt hat. Auch seine ehemalige Klassenlehrerin Frau Bodo war viel netter und einfühlsamer. Ihr konnten die Kinder manch Geheimnis anvertrauen. Jetzt hat Paul einen Klassenlehrer, Herr Schwarz. Naja er schaut schon so streng, wie sein Name und Paul mag ihn einfach nicht. Neben Paula war noch ein Platz frei und Herr Schwarz hat Paul einfach neben Paula gesetzt. Er meint, Paul und Paula solche wunderschönen Namen, das passt doch wunderbar zusammen. Allerdings hätte Paul viel lieber neben einem Jungen gesessen, nur hat er sich nicht getraut, das zu sagen.

Als die Kinder im Sportunterricht Fußball spielen, Mädchen und Jungs gemischt, da findet Paul seine Banknachbarin Paula auf einmal richtig toll. Denn dank ihr, hat seine Mannschaft 1:0 gewonnen. Paula hat das Tor geschossen. An diesem Tag haben sich die Kinder auf dem Wiesenplatz hinter dem Gemeindehaus zum Spielen verabredet. Auf dem Weg dahin, kommt Paul bei Paula am Haus vorbei. Er klingelt zweimal, doch keiner öffnet. Stattdessen geht im Nachbarhaus die Tür auf. Ein älterer Herr schaut grimmig zu Paul herüber. „Was machst du hier? Da ist keiner da!" ruft der Mann. Paul fällt vor Schreck keine Antwort ein und denkt sich nur, woher will das der Mann wissen. Aber so grimmig wie der schaut, so grummelig spricht er auch. Irgendwie merkwürdig der Mann. Paul kann seinen Blick von ihm allerdings nicht lösen. „Du glaubst mir nicht" hört er den Mann sagen. „Paula ist bei mir, komm rein" „Ich kenne Sie doch gar nicht. Wenn Paula bei Ihnen ist, dann kann sie doch selbst an die Tür kommen und mir das sagen" antwortet Paul. „Ich habe sie verzaubert." spricht der Mann. Nun versteht Paul überhaupt nichts mehr. Aber wie mit Geisterhand zieht es ihn auf einmal zur Tür des Mannes. Jetzt lächelt dieser sogar. Paul saust durch die Tür und schlittert förmlich in den Raum hinein. Na hoppla, die Stimme klingt wie Paula, nur sieht Paula ulkig aus. Sie hat ein zartes Kleidchen an und eine schwarze Fliege umgebunden. Außerdem ragen ihre lustigen Zöpfe in die Höhe, wie zwei Antennen. Paul krabbelt es in seinem Gesicht und als er sich kratzen will, ist ihm auf einmal ein Schnurbart gewachsen. Na verflixt, wo bin ich hier nur hingeraten. Als er versucht aufzustehen, sieht er wie sich noch einige lustige Gestalten im Raum hüpfenderweise fortbewegen. Der Raum ist nicht nur groß, er ist auch hoch. Deshalb können alle lustige Sprünge vollführen, wie auf einem Trampolin. Dabei lachen sie ganz ungezwungen. Martha, die bunte Kugel hat sogar einen Schirm dabei. Rudi wagt einen Salto. Pia schaut etwas erschrocken, so hoch ist sie noch nie gesprungen. Der ältere Herr trägt eine Schale als Krone auf seinem Haupt, darin schwimmt ein Fisch und lässt Blubberbläschen aufsteigen. Nebenbei versprüht der ältere Herr noch bunte Lichtpfeile, das gibt dem Raum etwas Eigenes. Paul kommt aus dem Staunen nicht mehr raus, ihm bleibt der Mund offenstehen. „Wollen wir zum Fußball?" fragt ihn auf einmal Paula, „und mach endlich deinen Mund zu, da kommen sonst Fliegen rein." Sie lacht und tippelt mit dem Ball los. Paul ist noch ganz benommen, wo war er bloß mit seinen Gedanken.

MOND

Der Mond scheint hell,

ganz grell in mein Gesicht,

doch ich schlafe, träume

es stört mich nicht.

Ich wandle über grüne Wiesen,

wo viele schöne Blumen sprießen,

Grillen zirpen, Vögel singen,

ich sah sogar ein Reh springen,

reiche ihm meine Hand und

geh ein Stück am Waldesrand,

ein Frosch vor meine Füße springt,

während vom Baumwipfel eine Lärche singt.

Plötzlich steht ein Wolf vor mir,

ein Riesentier,

schaut mich mit großen grünen Augen an,

dass ich mich fürchten kann

und was dann passiert,

hättest du nicht gedacht,

ich bin einfach aufgewacht.

Die Sonne scheint hell,

viel zu grell in mein Gesicht.

Maus Gertrude

In unserem Haus wohnt eine Maus,

geht durch ihr Mauseloch ständig Ein und Aus,

ich habe sie Gertrude genannt.

Da kommt Klaus, ihr Freund,

sie hat schon oft von ihm geträumt,

Gertrude lädt ihn ein,

Gast in unserer Speisekammer zu sein,

Speck und Käse schmecken den beiden fein.

Doch draußen vor der Speisekammer,

sitzen Merlin und Josey

und weit hört man ihr Katzengejammer.

Katzenmaskenball

Kennst du noch die Hühner Berta und Mona? Die beiden hatten doch die blaue Katze gesucht. Genau und diese wollte zum Katzenmaskenball. Nun ja, Berta und Mona durften nicht mit. Aber unsere beiden sind doch sowas von neugierig. Auch wenn die blaue Katze ihnen später alles erzählen wird. Dabei sein ist etwas ganz anderes. Demzufolge beschließen Berta und Mona ganz heimlich die blaue Katze zu verfolgen.

Pst, leise! Vorsicht ein Ast. Knack! Die blaue Katze bleibt stehen und dreht sich blitzschnell um. „Hey, was macht ihr denn hier", miaut sie. „Wir, na nichts", antworten beide zugleich. „Lauft ihr mir etwa hinterher?" fragt die blaue Katze. „Nein, wir spazieren gern und suchen nebenbei Körner", schnell picken beide in der Wiese. „Naja, ich hege da Zweifel. Aber bitte, mir nachlaufen könnt ihr ja, auf den Katzenmaskenball kommt ihr sowieso nicht rein." Die blaue Katze dreht sich um und läuft den beiden davon. Doch ihre blauen Tapsen verraten noch ein klein wenig ihren Weg. Berta und Mona schauen sich an, dann setzen sie ihren Weg fort als wäre nichts geschehen. Aus Jux treten sie in die Spuren der blauen Katze und da die Farbe noch nicht ganz getrocknet ist, haben die beiden nun blaue Füße. Wenn du ganz genau schaust, siehst du auf dem Weg eine neue Fußspur. Berta und Mona kichern dabei. Angekommen am Tanzsaal sehen beide wie die blaue Katze hinter der großen Tür verschwindet. Beide wollen natürlich auch rein. Doch der schwarze Kater am Eingang stellt sich ihnen in den Weg. Dabei reckt er sich besonders in die Höhe und erscheint doppelt so groß. „Ihr dürft hier nicht rein", verkündet seine tiefe Stimme. „Aber wir wollen nur zuschauen", erwidert Berta etwas kleinlaut. „Ihr gackert doch nur, dass hier ist nur für Katzen mit einer Maske". Dabei reckt sich der schwarze Kater noch einmal in die Höhe. Berta und Mona flüstern kurz miteinander, irgendwie muss der schwarze Kater doch zu überzeugen sein. „Was, was ist, wenn wir, wenn wir uns eine Maske, ja eine Maske aufsetzen?" stottern sie gemeinsam. „Eine Maske, soso. Wo wollt ihr die denn so schnell herbekommen und außerdem muss es eine Katzenmaske sein. Schließlich darf keiner merken, dass ihr Hühner seid." Jetzt atmen Berta und Mona etwas auf. „Wir haben eine Idee und sind bald wieder zurück." antworten beide. Bevor der schwarze Kater noch etwas erwidern kann, fliegen Berta und Mona über den Gartenzaun und sind außer Sichtweite.

Angekommen bei Herrn Floh gackern sie wild durcheinander. Herr Floh weiß im ersten Moment nicht, wem er zuhören soll. Er versteht nur Bahnhof. „Bitte still und nicht beide auf einmal. Der Reihe nach, sonst weiß ich überhaupt nicht was ihr von mir wollt." spricht er ganz ruhig. Jetzt sind beide Schnäbel ruhig und Mona ergreift das Wort. „Bitte Herr Floh, sie haben doch eine alte Truhe mit vielen hübschen Tiermasken. Wir möchten gern auf dem Katzenmaskenball zuschauen und dürfen aber nur mit einer Katzenmaske rein. Gern möchten wir uns eine ausleihen." Herr Floh ist sprachlos. Ihr Gackerhühner auf einem Katzenmaskenball. Wer hat euch denn den Floh ins Ohr gesetzt, denkt er für sich. Doch irgendwie muss er auch schmunzeln. Gemeinsam schauen sie in die Truhe. Für Berta finden sie eine Maske mit einem rotbraun geschipperten Fell und roten Augen und für Mona eine grau-weiß-rote Maske mit grünen Augen. Herr Floh ist begeistert. „Ihr müsst mir unbedingt erzählen, wie es war", ruft er den beiden noch nach, während sie schon zum Rückflug über den Gartenzaun starten.

Der schwarze Kater ist plötzlich gar nicht so groß. „Ihr seid die Gackerhühner von vorhin. Ich habe euch nicht gleich erkannt. Mein Versprechen halte ich natürlich. Bitte seid unsere Ehrengäste beim Katzenmaskenball."

Berta und Mona stolzieren mit ihren Masken hinein und sind sprachlos von so viel Katzenschönheit.

An der Seite ist eine Tafel mit leckeren Speisen aufgebaut. Allerdings Katzenspeise. Es gibt gebratene Maus im Teigmantel, Maus gefüllt mit Fisch, gebackenen Fisch, Knuspermaus und andere leckere Dinge. Für Berta und Mona zwar nicht die Lieblingsspeise, aber sie wollten sowieso nur zuschauen. Den Katzen schmeckt es jedenfalls. Dann entdecken unsere beiden Hühner die Bühne. Hier stehen eine Holztrommel, eine Flöte, ein Klavier, eine Gitarre, ein Kamm und ein altes Waschbrett. Während sich Berta die Holztrommel nimmt und sich Mona an das Klavier begibt, kommt unsere blaue Katze auf sie zu. „Wollen wir gemeinsam spielen?" fragt sie. „Ja sehr gern", gackern die beiden gleichzeitig und Berta haut vor Begeisterung auf die Holztrommel. Jetzt merkt die blaue Katze erst einmal wen sie vor sich hat und ist sprachlos. „Ihr seid hier reingekommen, na sowas. Das hätte ich nicht erwartet. Da hattet ihr viel Glück." „Kommt lasst uns musizieren," spricht Mona und stolziert über die Tasten des Klaviers. Sogleich erfolgt ein herrlicher Katzenjammer. Voran und tonangebend ist die blaue Katze. Manche beginnen sich rhythmisch zu bewegen. Sie musizieren, tanzen, miauen und gackern bis tief in die Nacht hinein. Vom leckeren Essen bleibt nichts mehr übrig. Glücklich und zufrieden fallen sie müde in ihr Bett und schnarchen um die Wette.

Berta und Mona flattern flott nach Hause und bringen am nächsten Morgen ihre Masken wieder zu Herrn Floh, der schon voller Neugier auf die beiden mit leckeren Körnern wartet.

Schnuppernasen

Finn die Schnuppernase,

rennt wie ein Hase,

mit Coco ganz geschwind,

fröhlich wie ein kleines Kind.

Doch oh Schreck,

Finn und Coco sind auf einmal weg.

Hallo Coco! Hallo Finn!

Schau, da hin

Stolz kommt Coco angeflitzt,

hat sie eine Beute stibitzt?

Im Maul sie einen Knochen versucht zu verstecken,

doch er schaut heraus

und Coco sieht wie ein kleines Walross aus.

Finn sich einen Apfel geschnappt,

bringt diesen voller Stolz im Trapp,

und verspeist ihn dann vor meinen Füßen, zappzerapp

Die Fliege

Die Fliege summ, summ,

fliegt ständig um mich herum,

es stört mich – es stört mich nicht,

doch dann, hau ich mir ins Gesicht.

Auwa, du doofe Fliege,

pass nur auf, wenn ich dich kriege.

Noch lachst du,

ich schaue dir beim Fliegen zu,

du störst mich, du störst mich nicht,

ich erschlage dich auf dem Tisch,

Auwa, meine Hand, jetzt bist du aber wirklich dran,

setze dich doch nicht an die Wand,

da komme ich nicht ran

und außerdem hinterlässt du dann dunkle Flecken,

willst du mich etwa necken,

spielst mit mir verstecken,

Hallo wo bist du hin,

bist nicht im Zimmer drin,

ich vermisse dich, vermisse dich nicht.

Wetterkapriole

Ich stehe am Fenster,

schau hinaus,

das Wetter ist ein Graus,

gestern vierzig Grad im Schatten,

ich fühlte mich wie frisch gebacken

und heute knapp zwanzig Grad,

Regen, den die Natur bitter nötig hat.

Vögel danken dies mit ihrem Gesang,

die Zeit wird mir nicht lang,

geh hinaus, zieh meine Schuhe aus,

tapse durch die Regenpfützen,

lass das Wasser dabei mächtig spritzen,

tanze und singe,

Fremde denken, ich spinne.

Doch dies stört mich nicht,

Freude in meinem Gesicht.

Das verrückte Haus

Das verrückte Haus,

es steht Kopf,

alle schauen verdutzt raus,

das Dach unten, die Tür oben,

alles ist verschoben,

klettere das Fallrohr hinauf,

ergreife den Türknauf,

hänge fest, komm nicht weiter,

Hilfe Peter, hol die Leiter,

Peter steht da und lacht,

wer hätte das gedacht,

er hat den Gashahn nicht zugemacht,

Zündholz an und es hat gekracht.

Was nun, Hilfe, habe doch noch so viel zu tun,

Komm nicht vor, noch zurück,

Peter, mach hin, noch ein Stück,

Helga hilft, welch ein Glück,

zusammen, sie helfen mir runter

und nun bin ich endlich munter.

Mietze auf dem Dach

Auf dem Dach eines alten Hauses

Eine kleine rote Katze sitzt,

ängstlich schaut sie aus und fragt sich,

wie komme ich wieder nach Haus.

Ich saß doch nur am offenen Fenster,

doch der Wind blies stark

und nahm mich mit fort,

nun sitze ich hier an einem anderen Ort,

weiß nicht vor noch zurück,

ach Frauchen hilf mir,

ich bin doch dein liebstes Stück.

Frauchen schnell Hilfe holt,

doch oh weh, Sven wie kommst du hinauf,

das alte Haus marode ist,

der Zugang ungewiss,

mit Werkzeug schnell die Tür geöffnet,

eilig Sven die Treppe erklimmt,

eine Spinne vor seiner Nase schwingt,

das Fenster im Dachgeschoss zum Glück nicht klemmt,

Mietze komm noch ein Stück,

gleich habe ich dich,

was für ein Riesenglück

Am Waldesrand

Am Waldesrand da sitzt der kleine Hase

Und rümpft seine Nase,

vorbei ein Auto zischt,

fast hätte es ihn erwischt,

doch dieses viel zu schnell fuhr,

in der Kurve die Kontrolle verlor,

am Baum es sich wiederfand,

der Fahrer, ein Krüppel ein Leben lang,

nun sitzt er im Rollstuhl,

ein Bein ist ab,

er sitzt am Waldesrand

und hält wacht

Das Wetter

Das Wetter es brummelt, es knallt,

ich bin gerade im Wald,

dann hat es Regen gebracht,

anschließend die Sonne wieder lacht,

doch ich bin pitschnass.

Von Kopf bis Fuß,

das Wasser auf meinem Weg hinunter rennt wie im Fluss.

Es kommt ein Männlein mir entgegen,

springt lustig durch die Pfützen nach dem Regen,

dazu ein Liedchen singt,

während zwischen den Blättern

 die Spinne ihr Netz neu spinnt.

Bärchen und Nanu zwei Mischlingshunde,

stehen da wie eine Kuh,

zupfen am frischen grünen Gras

ohne Unterlass.

Ich laufe weiter,

der Himmel zeigt sich wolkig bis heiter,

an einem Baum sehe ich eine Holzleiter,

steige hinauf, eine Sprosse zerbricht,

ich lande auf meinem Gesicht,

eine Wespe mich sogleich sticht,

es hilft kein Weh noch Ach,

Rappel mich auf und denke Glück gehabt,

in der Nähe plätschert ein Bach,

kühle mein Gesicht,

das erfrischt.

Peinlich

Ich laufe, ich renne,

weil ich die Person da vorn kenne.

Hey, Hallo DU, Bleib stehen,

nicht weitergehen,

doch die eingebildete Kuh

zeigt mir ein fragendes Gesicht,

ich fasse es nicht,

das bist ja gar nicht DU.

Till Eulenspiegel

Heraus aus grellem Sonnenlicht

tritt Till Eulenspiegel und spricht

wahre Worte,

mal ernst, mal heiter

Manche hören zu

andere gehen weiter.

Der Schalk ihm im Gesicht geschrieben steht,

er sieht die Welt

leicht verdreht

Danksagung

Angeregt durch meinen ersten Teil „Eine bunte Reise durch das Land der Phantasie" habe ich diese Reise fortgesetzt. Inspiriert durch lange Spaziergänge mit unserem Hund Finn und dessen Freundin Coco.

Mein Dank gilt nicht nur meiner Familie sondern auch all meinen Freundinnen, Töpfermädels und den Hobbykünstlern, die mir die Treue halten beim gemeinsamen schwingen der Kaltnadel.

Bildnachweis:

Seite 6   „Zwierbel"; Grafik Bea

Seite 10 „tanzende Baum"; Kaltnadelradierung Steffi

Seite 13 „Schnatterglück"; Kaltnadelradierung Steffi

Seite 20 „Maus Gertrude"; Kaltnadelradierung Steffi

Seite 26 „Die Fliege"; Kaltnadelradierung Steffi

Seite 30 „Das verrückte Haus"; Kaltnadelradierung Steffi

Seite 32 „Katze"; Kaltnadelradierung Steffi, Coloriert Steffi

Seite 36 „Irrfahrt"; Mischtechnik / Collage Antje

Seite 40 „Till Eulenspiegel"; Mischtechnik / Collage Antje